«Wenn ich ein Vöglein wär
und auch zwei Flügel hätt,
flög ich zu dir …»

Zeichnungen von Gabriela de Carvalho

Der Verlag am Goetheanum im Internet:
www.goetheanum-verlag.ch

Einbandgestaltung von Anna S. Fischer und Sven Baumann
unter Verwendung eines Bildes von Gabriela de Carvalho

5. Auflage 2021
© Copyright 2021 by Verlag am Goetheanum
Alle Rechte vorbehalten
Satz: Höpcke, Hamburg
Druck und Bindung: Beltz Grafische Betriebe,
Bad Langensalza
ISBN 978-3-7235-1494-8

Hella Krause-Zimmer

Zauber einer Begegnung

Erlebnisse mit einer Kohlmeise

Natura Verlag

*A*uf meinem Balkon stehen Töpfe mit Pflanzen und Vasen mit Blumen – mein «Garten» ist meine besondere Freude, weil ich das Zimmer nur selten verlassen kann und oft das Bett hüten muss. Als ich am 28. Juli 2000, es war ein Freitag, den Balkon betrat, hüpfte zwischen den Vasen und Töpfen etwas am Boden herum. Zu meiner Überraschung flieht es nicht in entgegengesetzter Richtung davon, sondern kommt auf mich zu. Vor meinen Füßen steht ein winziges Etwas, blickt an mir hoch und sagt laut und eindringlich: «Piep.» Ich denke: «Nun, in meinem Zimmer habe ich immer ein paar Walnüsse zum Knabbern auf Vorrat, davon will ich etwas holen und dem kleinen Piepmatz hinstreuen.» Das kleine Etwas hüpft hinter mir her in die Stube, kehrt dann um und fliegt wieder hinaus. Weg ist es! Ich zerkrümele einen Walnusskern, trete in die Balkontür und strecke die Hand aus, um die Nüsschen auf den Balkonboden zu streuen, doch – husch – fliegt es auf meine Hand und nimmt sich das Nüsschen gleich dort. Ich bin überrascht. Noch nie hab ich ein Vögelchen so auf der Hand gefühlt.

Das wird nun aber unser tägliches Ritual: Ich strecke die Hand aus mit einem kleinen Stückchen Nuss auf dem Handteller – er kommt, legt die zarten Zehlein um meine Finger, wendet den Kopf, sieht mit glänzenden runden Äuglein zu mir hoch – er ist dabei durchaus abflugbereit, das geht sehr schnell, wenn ihn etwas irritiert, aber sonst nimmt er das Nüsschen, fliegt damit davon und kommt dann wieder, immer wieder, sooft es uns beiden Spaß macht. Ist noch keine Hand da, dann sagt er: «Piep.» Ist die Hand zuerst da, so sage ich so zart wie möglich: «Komm komm komm komm», und mein Angebot bleibt nicht ohne Gegenliebe.

Es ist offenbar eine Kohlmeise, mit dunklem Köpfchen, hellem gelb-grünem Körpergefieder, mit schwarzem Schnitz (Krawatte) auf der Brust, schneeweißen Bäckchen und dem langen Augenstrich. Die Flügelfedern sind in Hell und Dunkel schön und markant assortiert. Bildhübsch. Von der Gesamt-Idee bis in jede Einzelheit ein Vertreter seiner Art, wie er im Buche steht – im Buche der Natur, die eine solch große, phantasievolle Meisterin ist.

Am Anfang seiner Besuche wurde er oft von einem anderen Vogel begleitet; der blieb aber immer am Boden und flog nicht auf die Hand. Es schien mir, dass «mein» Vogel ihn ermuntern wollte, es auch zu wagen. Immer wieder kam er auf die Hand und flog mit einem Nüsschen zurück. Aber sein Beispiel fand keine Nachahmung, er oder sie (seine Frau?) traute sich nicht. Eines Tages saß er auf der Hand und sah sich immer wieder nach dem anderen um, der aber auf dem Boden blieb. Da hüpfte mein Kleiner, der ein Nussstückchen in seinem Schnabel hatte, an den Rand der Hand und – ließ die Nuss fallen! Ich sehe noch, wie er den Schnabel öffnet und die kleine Delikatesse ihm entfällt. Für den anderen da unten, der es eifrig aufpickt – ich war gerührt.

Schließlich brachte er eine ganze Gesellschaft mit, ein Club Kohlmeisen begleitete ihn, einer sah aus wie der andere. Alle riefen laut «uit, uit» oder «piep, piep», hüpften ihm nach ins Zimmer herein, blieben aber immer in der Nähe der offenen Balkontür. Mein kleiner Held führte ihnen vor, wie das abläuft: auf die Hand fliegen, Nüsschen kriegen, sich irgendwo hinsetzen und es kleinhacken. Nichts passiert, ganz gefahrlos. Alle kommentieren es laut, aber keiner folgt dem Beispiel.

Zuerst hatten sich die Begegnungen auf dem Balkon abgespielt – hauptsächlich. Allerdings schon am zweiten Tag überraschte er mich, indem er nicht nur ins Zimmer kam, sondern mich früh am Morgen im Bett besuchte, das weit vom Fenster im Hintergrund steht. Er hüpfte auf der Bettdecke herum, war aber still und wartete ohne herausforderndes «Piep», bis die Hand mit dem Nüsschen kam.

Es war ein unbeschreibliches Gefühl, wenn seine Zehlein sich um meine Finger legten. Täuschte ich mich, wenn auch er dieses Erlebnis mit Freude suchte? Jedenfalls war es durchaus nicht nur das

Nüsslein, das ihn anzog, denn manchmal interessierte ihn das gar nicht. So kam er eines Morgens hereingeschlüpft (es waren ja heiße Sommertage, und die Balkontür stand die ganze Nacht offen), kam aber nicht zum Bett, sondern begann das Zimmer zu inspizieren. Na, was da alles herumsteht! Er hüpfte auf jede Vase, jeden Sessel, auf meinen Schreibtisch und die Manuskriptblätter darauf, nichts ließ er aus. Ich sah dem vom Bett aus zu und dachte: «Nanu, heute ist dir das Zimmer wohl zu einem Erlebnispark geworden?» Erst als er alles besichtigt hatte, kam er schließlich zum Bett und holte sich ein Nüsschen.

Einmal brachte ich ihn mit Absicht in Verlegenheit: ich legte zwei Nussstückchen auf den Handteller. Was nun? Er hockte auf den Fingern und besah sich das. Sichtlich irritiert. Dann hatte er sich entschieden, schnappte das erwählte Stück, flog damit aber nicht zum Balkon, sondern blieb ganz in der Nähe auf einem kleinen Tischchen, hackte dort in großer Eile das Nüsschen klein (was ich wegen der Tisch-

decke gar nicht so gern hatte), sah dabei immer wieder herüber, und ich merkte genau, was das kleine Köpfchen dachte: «Schließlich will ich das zweite Stückchen ja auch haben.» Das holte er sich dann auch ganz schnell.

Auch jetzt begleitete ihn öfter seine Frau (?), blieb aber auf dem Balkon. Dort saß ich zuweilen hinter einem Sonnenschirm und hatte immer einen Vorrat kleiner Nussstückchen in der Nähe, damit unser Kontakt nicht abzubrechen brauchte.

Mein findiges Vöglein ließ sich von dem nach Westen geneigten großen bunten Schirm, der mich verdeckte, nicht abschrecken. Er flog darum herum, setzte sich von der anderen Seite – in meinem Rücken – auf das Geländer, und wenn ich das nicht wahrnahm, mahnte es von rückwärts her: «Piep!»

Er war nie so laut wie seine Frau (?), die schien ihn mit ihrem pausenlosen «uit-uit» anzufeuern oder zu maßregeln, sodass ich sie im stillen schon Xanthippe nannte.

Wenn sie Xanthippe ist, müsste er Sokrates sein. So hoch wollte ich mit dem kleinen Vögelchen zwar nicht hinaus, aber etwas von einem Philosophen, der die Geheimnisse der Welt ergründen will, steckte in dem Tier, und es brachte dafür einen Mut auf, der allen anderen Artgenossen abging.

Eines Tages lag wieder ein Nüsschen auf der ausgestreckten Hand. Seine Zehlein umschlossen meine Finger, aber er ignorierte die Nuss. Statt dessen wollte er diesmal offenbar wissen: Was ist das eigentlich, dieses Weiche, Lebendige, an dem ich mich da festhalte, dem ich begegne mit meinen Füßchen und das ich umschließe?

Ich traute meinen Augen nicht: statt den Schnabel nach dem Nüsslein zu strecken, hob er die Haut vom Finger hoch, mal da, mal dort – das zwickte ganz gehörig, ich hätte laut «aua!» rufen wollen, aber ich hielt still und dachte: Lass ihn mal machen. Mal sehen, wo das hinführt.

So untersuchte er die Finger, klemmte ein Stück Haut nach dem anderen in den Schnabel ein, zog es hoch und ließ es ganz systematisch wieder fallen.

Schließlich war die Untersuchung beendet und er flog davon.

Sooft er noch kam, er tat das nie wieder, einmal hatte genügt. Offenbar merkte er sich das Ergebnis, so war eine Wiederholung nicht nötig, und zutraulich wie bisher begegneten sich Finger und Zehlein, begrüßte ein Lebendiges ein Lebendiges und freute sich daran.

Neben meinem Bett steht ein Tischchen, auf welches das Frühstückstablett gestellt wird. Die hohe, silbern glänzende Teekanne ragt wie ein Turm auf und machte zuerst wohl einen bedenklichen Eindruck auf ihn; sie verdeckte auch den Blick auf mich. Aber er umrundete sie und hüpfte auf dem Tablettrand zu mir her. Wie gesagt, er war morgens taktvoll: Wenn ich noch im Halbschlaf mit geschlossenen Augen lag, sagte er nicht Piep. Manchmal merkte ich an dem Luftzug auf meinem Gesicht, dass er über mich hinweggeflogen war, lautlos.

Einmal beschäftigte er sich mit meinem unteren Ende. Er kam früh am Morgen, und meine Zehen ragten unter der Bettdecke hervor. Nicht einmal sehr, aber er entdeckte es. Und wunderte sich. Er flog auf den oberen Rand des Fußteils der Bettstelle, hüpfte darauf entlang und sah dabei immer auf die Zehen herab. Ein putziges Bild. Schließlich wagte er es und ließ sich herunter. Da saß er nun auf den Zehen, und vor ihm ragte der große Zeh des linken Fußes empor. Vorsichtig begann er ihn mit dem Schnabel abzuklopfen. Er tat nicht weh, aber war ein kleiner gründlicher Forscher, bis er beschließen konnte, dass dieser Teil meiner Person für ihn uninteressant war und die Hand mit dem Nüsschen auf der Bettdecke den Ausflug eher lohnte.

Wenn ich denke, mit welch scharfem Schnabel er sich die Nüsse kleinhackt, so fühlte sich das jetzt an, als hätte er den Schnabel abgestumpft. Wirklich kein bisschen Weh! Erstaunlicher Piepmatz.

Einmal endete sein Forschermut beinahe in einer Katastrophe. Das Tischchen direkt neben dem Bett war mit dem Frühstückstablett belegt; da ich morgens nichts esse, stand nicht viel darauf. Vor allem ein kleines Becherchen mit den Pillen, die ich

nehmen muss. Heute hüpfte er auf dem Tablett herum und kontrollierte meine magere Ration. Er flog auf den Rand des Becherleins, das kippte um, und die Pillen rollten heraus. Er schnappte eine und flog damit davon. «Oje, wer weiß, was er erwischt hat, hoffentlich überlebt er es», sagte die Pflegerin, als ich es ihr erzählte. – Armer kleiner Freund, die Nähe der Menschen ist gefährlich, selbst wenn sie es gut meinen. Aber er kam wieder, am nächsten Tag – hatte überlebt, vielleicht das wenig schmackhafte Ding auch gar nicht gefressen.

Natürlich ist es Einbildung, wenn ich denke, er hätte jetzt ein schlechtes Gewissen. Er ist vorsichtiger, zurückhaltender, wie mit eingezogenem Kopf. Er hat etwas stibitzt, nicht von meiner Hand bekommen, wie alles bisher. Etwas hatte nicht gestimmt. Doch, doch, er hat ein schlechtes Gewissen! Vielleicht nur, weil ich denke, er sollte eines haben, und die kleine Tierseele die feine Schwingung auffängt.

Ein Hund kommt mit eingezogenem Schwanz, wenn er weiß, dass er etwas Verbotenes getan hat

und Schimpfe in der Luft hängt. So weit geht das bei uns nicht, aber ein ganz klein wenig weiß mein kleiner Freund es auch. Weiß er?

Manchmal ertönt draußen auf dem Balkon zwischen dem vertrauten «uit-uit» ein zarter, unbeschreiblich süßer kleiner Triller. Er tönt wie aus einer anderen Welt. Ist er das auch?

Vom Bett aus habe ich öfter beobachtet, wie sein Schnabel durch ein etwas groß geratenes Nussstück zwangsläufig aufgesperrt war, er aber trotzdem aus seiner Kehle alle Töne hervorbringen konnte, die er wollte. Er brauchte also den Schnabel dazu nicht auf- und zuzuklappen. – Mit vollem Mund redet sich's schlecht, mit vollem Schnabel geht das offenbar besser.

Frau Xanthippe narrt mich manchmal. Sie ruft draußen in den Büschen «uit-uit» genau wie er, aber wenn ich auf dem Balkon erscheine, kommt sie nicht, höchstens bis aufs Balkongeländer oder zwischen die Pflanzen. Aber dort liegt kein Nüsslein. Bei uns wird das Essen nicht auf den Boden gestreut. Da kommt man schön auf die Hand, begrüßt sich mit Zehlein zu Fingerlein und kann dann das Nüsslein nehmen. Sonst ist eben nichts. «Piep, piep» hin oder her. Wer leer ausgeht, ist selber schuld.

Alle gehen leer aus. Keiner wagt es von der ganzen Gesellschaft. Unterscheiden kann ich sie nicht, einer sieht aus wie der andere. Aber nur der eine überwindet immer wieder die Angst, um auf die Hand zu kommen. Immer wieder, mehrmals am Tag.

Dabei muss er sich jetzt an bestimmte Zeiten halten, denn bei der Hitze ist es auf dem Westbalkon unerträglich. Ich kann es nur morgens und abends dort aushalten, am besten nachts; so bleibt tagsüber die Tür geschlossen, denn die Hitze muss draußen bleiben hinter Glastür und geschlossenen Vorhängen. Kein Eintritt für gefiederte Freunde, sorry, mein Kleiner. Er hat es begriffen und kommt ganz früh am Morgen, um die Zeit zu nutzen. Da ist manchmal noch kein Nüsschen zu erwarten, und wie gesagt, er ist taktvoll: Wenn die Augen noch nicht offen sind, beschäftigt er sich anderweitig, ohne Piep zu sagen.

Im Haus spricht es sich herum: «Frau Zimmer hat einen Vogel» oder besser: «Hella Krause hat 'ne Meise.» Man tippt dabei aber nicht mit dem Zeigefinger an die Schläfe, sondern sagt ein wenig neidisch: «Wenn ich das doch auch einmal mitkriegen könnte.» Und manchen ist es beschieden, denn zuweilen sieht er großzügig darüber hinweg, wenn zufällig ein Besucher im Zimmer ist. Wenn der bescheiden still sitzt, wie es sich gehört, dann darf er seine Entdeckungsflüge im Zimmer oder unsere Nüsschen-Zeremonie ruhig mitansehen.

Nur eines kann er nicht vertragen: wenn ich auf den Besucher zu sehr konzentriert bin und ihn nicht beachte. Dann ändert er die Situation.

Eine Freundin war gekommen. Ich saß im Sessel, sie auf einem Stuhl mir gegenüber. Wir waren ins Gespräch vertieft. Er hüpfte durch die weit offene Balkontür herein, gewahrte die Lage und blieb auf dem Teppich bei der Tür. Dort hüpfte er herum, aber ich beachtete ihn nicht. Menschen können stur sein, wenn sie meinen, etwas Wichtiges zu besprechen.

Da muss man wohl deutlicher werden. Aber was hat eine Kohlmeise für Möglichkeiten?

Entschlossen flog sie ins Zimmer, gezielt unter den Stuhl meiner gegenüber sitzenden Besucherin. Dort gibt es zwischen den hölzernen Stuhlbeinen schmale Streben, auf die kann man sich setzen. Zuerst auf die eine, dann hinüberfliegen zu einer anderen. Hin und her, hin und her, und kräftig mit den Flügeln schlagen. Dann auf den Boden herunterlassen, dort herumhüpfen und wieder hinauf auf die hölzernen Streben. Das war ein Geflattere und ein Gehüpfe! Meine Freundin konnte das nicht sehen, aber ich, die ich in einem niedrigen Sessel genau gegenüber saß, hatte den Zirkus, der da veranstaltet wurde, direkt vor Augen. Bald war der kleine Schlaumeier Sieger. Das Gespräch verstummte, und meine Freundin verließ den merkwürdigen Stuhl, unter dem es so unruhig zuging. In die Waden gezwickt hatte er sie nicht, das tat er meinem Besuch nicht an, aber ausgetrickst hatte er sie und meine Aufmerksamkeit erfolgreich auf sich gezogen. «Gewusst wie», kann man nur sagen.

Das Erstaunlichste aber hab ich noch nicht erzählt.

Es war morgens. Auf dem kleinen Serviertischchen neben meinem Bett steht noch nichts, es ist leer bis auf das, was immer drauf steht: Dicht neben meinem Kopf liegt ein Kalender, dann steht da ein Töpfchen mit Notizzetteln und Bleistiften. Zwei Gläschen mit Salz und Gewürz stehen etwas entfernt. Zuerst spaziert er auf der freien Fläche des Tisches herum. Dann begibt er sich zwischen die genannten kleinen Gegenstände dicht neben meinem Kopf. Und da, plötzlich, ich traue meiner Wahrnehmung nicht – er faucht! Er bläst einen so starken Luftstrom aus, dass die ziemlich großen Blätter des Kalenders hochfliegen. Es klingt ganz zornig und böse. Mein winziger Besucher ein Mini-Drache? Zwei Seelen in der kleinen Brust – der süße Triller und das zornige Fauchen? Aber was kann ihn bloß so ärgern? Da ist doch nichts! Dicht neben meinem Kopf spielt sich das ab, aber was er da so zornig wegbläst – ich sehe nichts! Er streckt seinen Schnabel in die gefährliche Richtung, ohne zurückzuweichen, und faucht mit einer Kraft, die

ich ihm nie zugetraut hätte. Ein Kämpfer? Ein Held? Aber wo nichts ist? Oder sah er etwas, was ich nicht sehe?

Rätselhafter kleiner Freund, ich betrachte dich mit neuen Augen.

Merkwürdig ist die Nacht vom 14. zum 15. August. Der 14. ist ein Montag.

In den Zimmern unter mir liegt jemand im Sterben. Am Abend erfahre ich, dass der letzte Abschied vorüber ist. Es ist wieder sehr heiß. Ich setze mich nachts auf den Balkon. Eingehüllt in dichteste Sommerwärme sinne ich der scheidenden Seele nach, während ein kalter Vollmond vom Himmel gleißt. Es ist still. Kein Laut in Büschen und Bäumen. Eine seltsame abgehobene Stimmung breitet sich aus. Um die Grenze zwischen Hüben und Drüben schwankt die Empfindung.

Der nächste Tag, der 15. August, ist Mariä Himmelfahrt. Feiertag. Die Stille bleibt, nichts rührt sich – *und kein Vögelchen kommt!* Zum ersten Mal seit fast drei Wochen täglich mehrfachen Besuches bleibt es aus. Ich bin beunruhigt. Was ist ihm passiert?

Das Wetter in den nächsten Tagen spielt verrückt. In die Schwüle hinein grollen Donner, schütten Regengüsse herab, prasselt Hagel, und Sturmböen werfen alles auf dem Balkon durcheinander. Kein Besuchswetter für den Balkon und keine offene Tür ins Zimmer. Hoffentlich hat die leichte geflügelte Gesellschaft schützende Blätterdächer gefunden.

Auch am 18. und am Morgen des 19. sehe ich meinen kleinen Freund nicht. Am Vormittag bessert sich das Wetter, und ich setze mich auf den Balkon. Gegen elf Uhr entdeckt er mich hinter dem Sonnenschirm und kommt dreimal zur Begrüßung Hand zu Pfötchen und Nuss-Übergabe. So auch am 20. August. Am 21. ist er schon seit halb acht morgens oft am Bett, und sein Doppelgänger, sei es Frau Xanthippe oder wer auch immer, ruft vom Balkon her laut «uit-uit». Er selbst ist still am Bett.

Dann kommen wieder Regen und krachende Gewitter.

Am Mittwoch, dem 23., ist es nach turbulenten Tagen grau und kühl, aber mein Vögelchen kommt.

Dann wieder Hitze, heftige Föhnstöße, Regen. Am Sonntag, dem 27. August, ruft es auf dem Balkon. Ich gehe hinaus, aber es ist offenbar der falsche Vogel, er kommt nicht näher und nimmt das Anerbieten der Nüsschenhand nicht an.

Und so bleibt es Tag für Tag, ob Regen, ob Sonnenschein. Kein Vögelchen besucht mich. Einmal kommt ein Einzelner und setzt sich, während ich unter der Balkontür stehe, mir gegenüber auf den Geländerbalken. Dort sitzt er, als ob er etwas Bestimmtes wollte. Dann ruft er «uit-uit» zu mir herüber und entschwindet. War es Frau Xanthippe? Ist mein Freund ins Vögelchen-Nirwana entflogen?

Wenn ich ein Vöglein wär
Und auch zwei Flügel hätt
Würd ich dich suchen ...

Nachgedanken

An der in ein paar Sommerwochen erlebten Geschichte fällt im Rückblick einiges auf. Zunächst: der kleine geflügelte Hauptdarsteller war die treibende Kraft! Vom ersten «Piep» an war er der Aktive, der durch immer neue Nuancen die Begegnung bereicherte. Ich hätte ihn zu gar nichts veranlassen können – nicht dazu, auf die Hand zu kommen, nicht dazu, mich im Bett zu besuchen oder Finger und Zehen so genau zu untersuchen. Er war frei und tat alles von sich aus.

Dabei war er in keiner Notlage, hatte kein Flügelchen gebrochen, kein Zehlein verletzt, und verhungert wäre er ohne meine Nüsschen auch nicht. Was trieb ihn zu diesem Abenteuer? Es gibt noch andere Balkone im Haus, zwei sogar mit Futterhäuschen, aber er setzte sich auf meine Hand, obgleich das eine immer neue Mutprobe war.

War er ein Individualist, der sich aus der Gruppenseele ein wenig zu lösen versuchte? Keiner von allen seinen Kameraden, die so gleich aussehen und ihn manchmal wie ein Hofstaat begleiteten, getraute sich auch nur einmal, was er täglich so oft tat. Ein Pionier, der kleine Herr Piep? Kleinheit schützt ja bekanntlich nicht vor Mut. Große Leute sind körperlich oft klein, das weiß man schon seit Napoleon. Große Vögel vielleicht auch? Und bei allem blieb er ein Rätsel. Es gipfelte in seiner Verwandlung zu einem schnaubenden Kämpfer gegen Unsichtbar. In welcher Welt lebte er wirklich? War sein Raum von den irdischen Gegenständen genau so abgegrenzt wie der unsre?

Meine Freundin erinnerte sich nachträglich an etwas, das ich gar nicht richtig wahrgenommen hatte. In jener Nacht vom 14. zum 15. August, in der ich auf dem Balkon in Sommerschwüle und bei Vollmond an jene Seele dachte, die sich gerade von der Erde entfernte, entstand ein Gedicht, das das Erlebte so spiegelte, dass ich dachte, hier schreibt die Verstorbene mit. Ein paar Tage später las ich es einer Freundin vor, an jenem Vormittag, als der kleine Hausfreund so unruhig auf dem Teppich herumhüpfte und dann unter dem Stuhl seine Schau abzog. «Aber», sagte sie, «während das Gedicht gelesen wurde, war er ganz still und hüpfte gar nicht herum.»

Wo leben die gefiederten Freunde? Leben sie mehr zwischen unseren Seelen als zwischen unseren Körpern? Liegen dort ihre eigentlichen Landschaften, ihre Wiesen und ihr Himmel? Und wäre keine Seelenwelt mehr da, dann gäbe es wohl auch keine Vögel mehr, die singen und fliegen können.

Montag, 25. September – 4 Wochen sind vergangen seit jenem 23. August, an dem ich den kleinen Freund zum letzten Male sah. Frühmorgens um halb acht ruft es vor der geschlossenen Balkontür (denn es ist kühl geworden) so energisch «uit-uit», dass ich schneller aus dem Bett springe, als ich eigentlich soll. Ich eile auf den Balkon, aber niemand ist da, und niemand kommt. Noch zweimal lockt mich der Ruf hinaus, aber er entflieht, wenn ich erscheine, und ein Nüsschen erwartet er nicht.

Ja, das ist das Merkwürdige, die Beziehung zwischen der Vogelwelt ringsum und mir hat sich verändert. Ich fühle mich beobachtet, die ganze Zeit schon. Kaum erscheine ich auf dem Balkon, ruft es irgendwo in den Büschen, und ich merke: man hat mich wahrgenommen. Seit der kleine Freund mir seine Aufmerksamkeit schenkte, kennen mich alle. Es webt ein Kontakt zwischen ihnen und mir, in den wie ein Vermächtnis die Erinnerung an ihn eingewoben ist. Er hat etwas verändert, hat eine Spur gezogen, die noch nicht verweht ist.

Sonntag. – Ach, es ist schon der 1. Oktober. Der September ist vorbei, Michaeli ist vorüber. Aus täglich gegebenem Anlass trage ich die ganze Zeit die Frage mit mir herum: Bilde ich mir das ein, liegt das lediglich an mir, dass zwischen den Vögeln da draußen und mir noch eine gegenseitige Aufmerksamkeit waltet, die wie ein Nachklang ist der Freundschaft des kleinen Piep zu mir?

Jetzt habe ich das Manuskript abgeschlossen, in dem ich die Geschichte aufzuschreiben versuchte, eine Gedächtnistafel für die Taten des kleinen Herrn Piep. Heute werde ich das Manuskript zum Absenden für den Verlag fertigmachen. Nein, ich werde nichts erwähnen von dem Nachklang, den ich empfinde, von der Atmosphäre, die noch immer wie von der Vertraulichkeit, von dem persönlich gewordenen Verhältnis durchzogen ist, das der kleine Vorreiter geschaffen hat. Nein, das ist Einbildung; auch in dem Brief an den Verlag erwähne ich es nicht. Abgemacht. Der Punkt ist erledigt. (Ich habe ja nur meine eigene Empfindung und keinen Beweis, dass die Vögelchen wirklich etwas Ähnliches fühlen. Also bleibt es Spekulation, und damit will ich die Geschichte nicht belasten.)

Aber es ist ein so schöner kühl-milder Nachmittag, ich gehe noch eine Weile auf den Balkon, habe noch keine Lust, am Schreibtisch zu sitzen.

Ich nehme etwas zum Lesen mit, spanne gegen die Blendung vom Himmel den Sonnenschirm auf. Obwohl das Licht kühl und eher weiß gleißend ist, sitze ich im bequemen Balkonsessel und lese.

Auf einmal flattert es an meinem rechten Oberarm; jemand hält sich dort an meinem Ärmel fest und schlägt mit den Flügeln – eine Kohlmeise! Danach entfliegt sie durch einen Zwischenraum im Geländer. Mein Nüsschen wollte sie nicht, auch Piep gesagt hat sie nicht. Es war nur wie: «Dich rasch einmal berühren, weißt du noch, du bist doch die, zu der unser kleiner Freund immer kommen konnte, vergiss uns nicht, wir merken es, wenn du da bist.» So ungefähr würde ich das Gefühl übersetzen, das mir von dieser plötzlichen Berührung – nachdem ich seit Wochen nun keine Vögelchen-Berührung mehr gefühlt habe – zugeströmt ist.

Doch noch einmal: die Sache ist schwer zu fassen. Wochenlang meine ich, von den Vögeln in Büschen und Bäumen beachtet, ja beobachtet zu werden und einen Kontakt zu spüren, der früher nicht da war. Aber ich kann mich täuschen, es kann an mir liegen, dass ich die «uit-uit» und «piep, piep» jetzt aufmerksamer höre und meine, sie gelten mir. Deshalb beschloss ich heute, die entsprechenden Notizen wegzuwerfen und diesen vermeintlichen Nachklang nicht zu erwähnen, weder im Manuskript noch sonstwo. Denn schließlich ist keiner der Vögel mir wirklich so eindeutig nahe gekommen, dass meine Vermutung bewiesen wäre. Aber einen Beweis brauchte ich, etwas Handgreiflicheres. Doch diesen Beweis werde ich nie finden. Also gebe ich den Gedanken auf.

In dieser Verfassung setze ich mich auf den Balkon, als plötzlich an meinem Oberarm, nahe meinem Gesicht, eine Kohlmeise flattert. Ohne dass ich es bemerkte, ist sie um den Schirm herumgeflogen und von rückwärts zu mir gekommen. Sie hat ihre Krällchen in meinen Arm geschlagen, und durch ihr heftiges Flattern rüttelt und schüttelt sie mich ein wenig.

Ich bin sprachlos, ich weiß nicht, wie mir geschieht. Wer ist der Kleine? Was will er? Ein Nüsschen will er nicht, und Piep sagt er auch nicht. Er zupft und stupft mich nur am Arm.

Einen Beweis wollte ich, dass der Kontakt von beiden Seiten wahr ist.

Ist das jetzt der Beweis?

Noch nie hat mich ein Vögelchen am Ärmel gezupft; warum jetzt, im richtigen Moment? Kann ich das unterschlagen? Jetzt ist es keine Spekulation mehr, es ist so wahr wie Wort für Wort die ganze Geschichte.

Entschuldigung, Leser und Leserinnen, ich weiß, es ist eine unzumutbare Pointe. Aber was soll ich machen? Niemand kann erstaunter sein als ich.

Wer ist dieser Vogel, der sich so nahe heranwagt? Außer meinem kleinen Freund gab es doch keinen? Nach Lage der Dinge erscheint er wie ein Bote der umgebenden Vogelwelt, der meine zweifelnden, fragenden Gedanken beantwortet. Der mich schüttelt und mahnt, nicht zu zweifeln.

Es kann auch kein Zufall sein – dass er mich gesehen und sich verirrt hätte; im Gegenteil, er muss mich richtig gesucht haben, denn durch den nach außen geneigten Schirm war ich von dorther gar nicht sichtbar. Er kam durch die kleine freie Stelle, die es zwischen Schirm und Rückwand gibt. Dort war auch Freund Piep zuweilen erschienen, aber er blieb auf dem Balkon sitzen und kündigte sich durch ein kräftiges Piep an. Dieser neue Freund wusste den Weg, aber er kündigte sich nicht an. Lautlos kam er an mich herangeschlüpft und packte mich am Ärmel.

Sie ist mir fast peinlich, diese Pointe. Beinahe wäre ich froh, sie wäre nicht geschehen. Sie rückt alles über die Grenze des Glaubhaften, und daran kann mir wirklich nicht liegen. Aber es ist eben passiert, es ist so wahr wie alles andere. Ich spüre immer noch das Flattern und die kleinen Krällchen am Ärmel. (Die Krällchen brauchte er, um sich im Stoff festzuhängen. Der kleine Piep hatte mich nie Krällchen spüren lassen. Er legte die ganzen Zehlcin um meine Finger, und die waren weich.)

Als ich in der Nacht das Geschilderte überdachte, kam es mir vor, als stünde meine Brust weit offen, und Vögel flögen aus und ein. Viele Vögel

aller Arten. Und Engel. Sie stoßen nicht aneinander, denn die Engel sind körperlos. Aber alle *fliegen*. Oben ist der Himmel und unten meine Brust, die wie durch ein Riesentor geöffnet ist.

Die Vögel fliegen zwischen den Engeln, und die Engel zwischen den Vögeln. Die scheinen dort oben mehr oder zumindest ebenso zu Hause zu sein wie in der Menschenwelt. Und wenn ich an den süßen, himmlischen Triller denke, den ich einmal gehört hatte, wo holte der Sänger solche unirdischen Töne her?

Schluss-Sequenz: Es gibt mehr Dinge zwischen Himmel und Erde …

… zum Beispiel Vögel.

* * *

PS: Ja, nun muss ich tatsächlich noch ein PS schreiben. Meinen kleinen Freund gibt es nicht mehr, und die Geschichte geht dennoch weiter: *Er hat einen Nachfolger!* Der meldet sich hin und wieder auf dem Balkon, setzt sich zum Beispiel oben auf den Rand der hohen Rückwand, die den Balkon nach Norden begrenzt, sagt von dorther laut «Piep», und wenn ich dann komme, fliegt er herunter auf das Geländer, dann noch ein bisschen tiefer auf die Lehne eines Gartenstuhls. Dort saß er, und ich hielt ihm die Hand mit dem Nüsschen fast unter den Schnabel. Er hüpfte auf die Fingerspitzen, versuchte sich mit den Krällchen festzuhalten, pickte in die Fingerbeeren; dass es sich um das Nüsschen auf dem Handteller handelte, begriff er schließlich, nachdem ich es ihm ein paarmal zurechtgerückt hatte, aber es entfiel ihm auch wieder; kurz: er kommt mir vor wie ein junger Vogel, der noch etwas unsicher ist. Aber jetzt im Herbst? Einmal kamen auch mehrere mit ihm, riefen mich durch lautes «uit-uit» auf den Balkon, flogen aber weg, bis auf den einen, der es wagte, auf die Hand zu kommen. Er erneuert seine Besuche, kommt brav auf die Hand – aber es ist, als habe er von außen gesehen, wie sein Vorgänger das machte, und ahmt es nun nach. War mein kleiner Freund tatsächlich so etwas wie ein Anführer gewesen, und braucht es einen Nachfolger? Muss der neue Kandidat sich beweisen, indem er das auch kann, was der Vorgänger konnte? Aber ihm fehlt die eigene Spontaneität und das «Eigentliche». Bei Freund Piep spürte ich nie Krällchen. Unser eigentliches Erlebnis war, wenn er die Zehlein, die weich und also auch für ihn gefühlsintensiv waren, so um meine Finger legte, dass mich jedes Mal ein leiser Schauer von Zärtlichkeit durchströmte. Das war unsere Begegnung.

Diese Begegnung gibt es jetzt nicht. Da hüpft eben ein kleiner Vogel, der die Krällchen gar nicht eingezogen hat, über den Handteller zum Nüsschen hin, er sagt selten etwas. Vermutlich war er derjenige, der an meinen Ärmel geflogen kam und den Kontakt mit mir wieder eröffnete. War das seine Aufgabe als «designierter Nachfolger»? Zumindest wird das Ganze etwas verständlicher. Und mein Gefühl von dem weiterwirkenden Kontakt zwischen der Vogelwelt und mir wird durch den Nachfolger deutlich bestätigt.

Im übrigen hat sich jetzt alles verändert. Büsche und Bäume flammen in herbstlichem Rot und Gold. Es ist kühl. Die Balkontür steht selten offen, und ich sitze selten und dann nur für kurze Zeit draußen. Wenig Gelegenheit für ein trautes Tête-à-tête! Und daran liegt dem neuen Besucher auch gar nicht. Am Nüsschen wohl auch nicht. Er hat seinen Mut bewiesen, das genügt.

Ich lege jetzt Stückchen von Nussbrot auf das Balkongeländer, daran tun sich allerlei Vögel gütlich, auch Kohlmeisen. Ich sehe es von drinnen, aus der warmen Stube, durch die Glasscheiben hindurch. Der Sommer und das Abenteuer mit dem kleinen Herrn Piep ist endgültig vorbei.

Aber der Fragen bleiben mancherlei offen.

Auf jeden Fall denke ich jetzt anders über die Geschichte, die von Franz von Assisi erzählt wird:

Er predigte den Vögeln und sie saßen in Büschen und Bäumen um ihn herum!

Warum sollten sie nicht? Wenn des heiligen Franz große Seele, die alles Lebendige liebte, entflammte, um den Vögeln die Heilstat Christi zu erzählen – warum sollte es sie nicht herbeiziehen, um sich von diesem Seelenumkreis wahrhaft angesprochen zu fühlen? Viele Maler der Vergangenheit haben es dargestellt. Ich war noch sehr skeptisch, als ich vor Jahren an der Stelle stand, wo es sich zugetragen haben soll. Jetzt kann ich diese Legende für wahr halten.

Freund Piep, ich habe immer noch das Gefühl, dass du nicht ganz verschwunden bist …

Die *Kohlmeise* (Parus major) ist etwa 14 Zentimeter lang. So steht es in Büchern. Ich habe es nicht von Schnabelspitze zu Schwanzspitze nachgemessen, dazu hätte mein kleiner Freund wohl nicht stillgehalten, also glauben wir es, weil wir es schwarz auf weiß besitzen.

Ferner erfahren wir, dass er zu den Singvögeln gehört und über ein großes Repertoire von Lauten verfügt. Zu den Zugvögeln, die in ferne Länder reisen, gehört er nicht, aber er verlässt im Winter einen ungünstigen Lebensraum und sucht sich einen besseren, bleibt aber in Europa. Deshalb nennt man ihn auch Teilzieher.

Hella Krause-Zimmer, 1973

Hella Krause-Zimmer wurde am 19. Dezember 1919 in Breslau geboren. Studium in Schauspiel und Dramaturgie und kurze Berufsausübung. Nach der Flucht 1945 in Hamburg und Stuttgart an der Bühne und für den Rundfunk tätig. Freie Schriftstellerin. Beiträge für Rundfunk und Zeitschriften. Nach der Heirat mit dem Architekten Erich Zimmer im Jahre 1955 Übersiedlung nach Dornach. Schriftstellerische Tätigkeit (u.a. geisteswissenschaftliche Kunstbetrachtungen). Zahlreiche Vortragsreisen im In- und Ausland. Die Autorin starb am 11. April 2002.